AF294987

Impressum

Bibliografische Information der Deutschen
Nationalbibliothek:
Die Deutsche Nationalbibliothek verzeichnet diese
Publikation in der Deutschen Nationalbibliografie;
detaillierte bibliografische Daten sind im Internet über
dnb.dnb.de abrufbar.

Die automatisierte Analyse des Werkes, um daraus
Informationen insbesondere über Muster, Trends und
Korrelationen gemäß §44b UrhG („Text und Data Mining")
zu gewinnen, ist untersagt.

Illustration: Microsoft Bing AI (08.2024), Markus Hahn
Verlag: BoD • Books on Demand GmbH, In de Tarpen 42, 22848
Norderstedt
Druck: Libri Plureos GmbH, Friedensallee 273, 22763 Hamburg
ISBN: 978-3-7597-6715-8

markus hahn

ein gedich tet

eine
versammlung
von
annähernd
25
liebesgedichten
eines
asperger autisten

ein gedicht
lieber nicht
nur ganz klein
nein

keine chance
auf mehr
als ein blick
ein wort
ein lachen
ein glück
daß ich
nicht mehr
erwarte
als ein blickendes wort
ein lachendes glück
aber
ganz
genau
betrachtet
ist bei dir
mehr
mehr

ich verliebe mich
in haltungen
nicht in brüste
ich verliebe mich
in augen
nicht in pos
verliebe mich
in lippen
nicht in geld
liebe
lächeln
nicht
geltung

verliebe mich
in dich

wo die sonne
niemals scheint
und der regen
niemals weint
wo der mond
niemals glüht
und der wind
sich niemals müht
da laß dich nieder
denn du
bist sonne
regen
mond
wind

warten
warten warten warten warten warten warten
warten warten warten warten warten
warten warten warten warten
warten warten warten
warten warten
warten
warten
warten
warten
warten
wie oft
soll dieses
wort
genannt werden
um mir
die zeit
zu verkürzen
die zeit
ohne dich
ohne mich
ohne uns
ohne welt
ohne alles
ohne
ohne
ohne
ohne
ohne
ohne ohne
ohne ohne ohne
ohne ohne ohne ohne
ohne ohne ohne ohne ohne
ohne ohne ohne ohne ohne ohne
sinn

ich schaue dich
so gerne an

wie du dich fühlst
was du denkst
was du machst
wie du's machst
wer dich lenkt
wem du gehörst
weshalb du bist
warum du bist
wieso du bist
wem du bist
daß du bist

ich schaue
so gerne
deine seele an

warum
du
warum nicht
eine
mit weniger ringen aller art
an auge und bauch
toteren augen
mit etwas mehr gewicht
einem modelgesicht
größeren möpsen
irgendwie
auch
normaler
trauriger
mit mehr parfum
mehr bodenstand
halt
normaler
weniger eigensinn
weniger denk
weniger fühl
weniger verrückt
vom normalen

warum
ausgerechnet
so jemand
wie du

weil du
du bist

ihre hand
auf meinem knie
bei meiner berührungsphobie
sie zwang mich
ohne erbarmung
zwei mal
zu einer umarmung
und
ganz ohne
stuß
ich dachte
an einen kuß
dachte nur
sinnlichkeit pur
denke bis heute
und ich bereute
es jede sekunde
daß ich
im grunde
den schritt
den kuß
nicht getan

fangen wir
bitte
noch einmal
von vorne
an

du
bist
süß

halt
schlag mich nicht
kennst du nicht
die herbe süße
deren feingliedrige traurigkeit
durch den
schlauen geschmack
heißer träume
die nacht
zum tag
und den
zungenschlag
zum orkan
werden läßt

du
bist
so
süß

was
ich
will
ich will
daß du es wagst
ich will
benutzt werden
ich will
daß das alles ist
ich will es
denn
ich
bin
frei
zu lieben
zu leben
zu lassen
wann
wo
wie
wieso weshalb warum
ich will
zeichen
setzen
nicht
mehr

ich will
daß du
dich traust
und
mit mir
losläßt

alles riecht wie du
schmeckt wie du
schaut aus wie du
hört sich an wie du
fühlt sich so wie du
eine welt
aus dir
wäre meine welt
eine welt
aus dir
wäre eine welt
in der ich
wahninnig
gerne
leben würde
gestattest du
mir bitte
wenigstens
einen kleinen
duft
geschmack
blick
ton
hauch
aus deiner welt
dann lebe ich
in meiner welt
die besser ist
durch dich

ihr
charme
hat
freilich
übernatürliche
reife
chinesische
helle
tröstende
erdigkeit
ihr
charme
hat
hoffentlich
alles
begriffen
eines
menschlich
irrenden
charme
hat
ihr
nächstes
denken
irrelevant
charmant
hilflos
verkümmern
erodieren
rotwerden
lassen
ich
erflehe
baldigen
trost

hallo
wollen wir mal
essen gehen
zusammen
du
und ich
wie furchtbar
platt
und verdorben
also
neu
hallo
wir beide
sind doch
wie eins
oder
schrecklich
wie roh
und kantig
also
wieder
hallo
ins kino
willst du
doch ja
nicht mit
mir gehn
gräßlich
wie fad
und vorsicht liebend

also
jetzt
das ist
jetzt
doch schön
jetzt
im park
hier
eine bank
sei dank
das wetter
dein vetter
immer netter
ein haufen bretter
und auch blätter
in den schredder
mit
tausend
worten

dein erröten
das erste mal
ist lohn und dank
genug
für tausend jahre
geduldigen
stammelns

ich habe
so lange gesucht
um mich zu finden
ich habe
so lange gebraucht
um mich zu entdecken
ich habe
so lange gefühlt
um mich zu sehen
ich habe
so lange
so lange
nur geahnt
wer ich bin
und jetzt
finde ich
dich

warten
auf ein wort von dir
warten
auf nur ein wort
das leben leben
zwischen wort
und wort
aber vor allem
warten
und dann
wenn es dann
da ist
das wort
ist es
wie kein wort
ein satz
zwei
viele
ein sturm an wörtern
er fegt
und rollt
und blüht
und schreit
nach mehr
aber ich muß
warten
warten
auf den nächsten
sturm

darf ich
mit dir sprechen
dich ansehen
verstehen
lassen
suchen
morgen
lange
allein
zusammen
vormals
jeden tag
und das für wie lange
oder
endlich mal mit dir barfuß über den heißen
schotter laufen

darf ich
dich
lieben

ich bin
gelogen
haptophobisch
bin asexuell
ein misanthrop
liebe fleisch
kontrolle
tolpatsch
hasse mich
hasse reisen
hasse meine hände
haß den haß
heiße hähnchen
bin für mich
filmjunkie
pcophil
ein brummiger bär

auch so
bei dir

nein
ich lüge
nicht
wenn ich
behaupte
bei dir
sei alles
ganz anders
es ist
anders
irgendwie
anders
alles
anders
so auch
alles
was
ich
lüge

du wagst es
tippst mich an
mit leichter hand
korrigierst
meine haltung
zum gespräch
beiläufig
tippst du mir
in meine seele
berührst sie
wie mich
wagst es
mich zu
bessern
wagst es
ohne frage
einfach
mal
so
wag es
bitte
wieder
und wieder
und wieder

ich sehe dich an
stundenlang
dein lächeln
dein blick
deine strähne
deine stirn
so hold
des nasenfalterrücken
ebenmäßger
klang
wirft mich um
ich steh auf
und seh
dich
weiter
an

du bist einsam
bist du einsam
du bist

wärst du zweisam
du gemeinsam
mit dir

tod ist ratsam
den du gleichsam
vergißt

es ist mühsam
ungenügsam
mit mir

sonett
kokett
ganz nett
nicht fett

doch schmal
und schal
fatal
egal

drei
sei
bei

vier
hier
dir

was
er
laub
en
siesi
ch

n
i
c
h
t